SUPERA TU ENTREVISTA DE TRABAJO

Los secretos para que tu entrevista laboral salga perfecta

Por Claude Matoux

Traducido por Marina Martín Serra

Coaching   en50MINUTOS.es

LA ENTREVISTA DE TRABAJO TRIUNFAL — 1

EL ABECÉ DEL CANDIDATO ASTUTO — 3

Las preguntas más frecuentes
Las preguntas delicadas
El seleccionador

LOS MEJORES CONSEJOS — 16

PREGUNTAS FRECUENTES — 19

¿Qué hay que decir en una entrevista?
¿Tengo que responder a todas las preguntas?
¿Cómo tengo que vestirme?
¿Hay que mentir en una entrevista?
¿Cómo puedo hablar de una experiencia negativa?
¿Qué estrategia adopto si no tengo experiencia profesional o si soy una persona mayor?
¿Cómo destacar entre los otros candidatos?

¡AHORA ES TU TURNO! — 25

1. Haz balance
2. Entrénate delante de la cámara

PARA IR MÁS ALLÁ — 31

LA ENTREVISTA DE TRABAJO TRIUNFAL

- **¿Problemática?** ¿Cómo ser convincente en una entrevista de trabajo?
- **¿Utilidad?** Se puede aprender a superar una entrevista de trabajo. No se trata de contar únicamente con la suerte, también hay que prepararse para convencer.
- **¿Contexto profesional?** Búsqueda de empleo, cambio de carrera, solicitud de promoción, etc.
- **¿Preguntas frecuentes?**
    - ¿Qué hay que decir en una entrevista?
    - ¿Tengo que responder a todas las preguntas?
    - ¿Cómo tengo que vestirme?
    - ¿Hay que mentir en una entrevista?
    - ¿Cómo puedo hablar de una experiencia negativa?
    - ¿Qué estrategia adopto si no tengo experiencia profesional o si soy una persona mayor?
    - ¿Cómo destacar entre los otros candidatos?

¿Tu CV y tu carta o e-mail de motivación han llamado la atención de la persona que se encarga de la contratación? ¡Bravo! Has superado la primera etapa. Sin embargo, no eres el único candidato seleccionado: ahora te toca demostrarle al seleccionador de personal que eres el «buen» candidato.

Poca gente se presenta a una entrevista de trabajo con absoluta serenidad. Muchos candidatos temen ser juzgados, no expresarse lo suficientemente bien o, en resumen, no estar a la altura, con el sentimiento de fracaso y las consecuencias financieras —especialmente reales en una época de falta de oportunidades de empleo— que conllevaría una negativa.

Lo que muchos de ellos ignoran es que, a menudo, el seleccionador también se encuentra en una situación de estrés. En estos momentos de dificultades económicas, contratar a alguien tiene un coste elevado para la empresa, y por eso no le interesa equivocarse. El candidato que haya entendido esto actuará de forma constante en este sentido: dar seguridad al empleador, transmitirle confianza, demostrarle que es la persona indicada para el puesto vacante.

Lise interrumpió sus estudios y rápidamente encontró un trabajo interesante que ha llevado a cabo concienzudamente durante varios años. Sin embargo, se entregó demasiado, y tuvo problemas de salud que la obligaron a parar de trabajar. Un año después, ya recuperada, el hecho de no tener una titulación hace que se sienta vulnerable. Decidida a volver a encontrar un trabajo, se prepara para presentarse a la entrevista, con respuestas fruto de la reflexión, una voz clara, un habla pausada y una buena presentación. En quince días, consigue cuatro entrevistas y las supera todas. Por consiguiente, se permite el lujo de elegir la empresa que mejor le convenga, cerca de su domicilio y que trabaja en el sector del chocolate. Aunque solicitaba su puesto en una región «devastada económicamente», ha obtenido un empleo que la satisface. Lo que la ha convertido en una candidata excelente ha sido su determinación a aprender y a defender su candidatura.

EL ABECÉ DEL CANDIDATO ASTUTO

La entrevista de trabajo es un reto. Tienes —en la medida en que te interese el puesto— algo importante por lo que competir.

El proceso de evaluación comienza en el momento en el que llegas a la entrevista. En la mente del seleccionador, a lo largo de ésta vas a ir ganando puntos positivos (verdes) o negativos (rojos). En el marcador verde van a sumarse todas tus características agradables y que transmiten seguridad, así como tu capacidad de persuasión, de la que forman parte tus competencias y cualidades. En el marcador rojo, aparecerán tus dudas, tus errores y tus respuestas «fuera de lugar». Atención: basta con un solo parámetro rojo para descalificarte, si tiene relación con un punto que el seleccionador considera vital.

Los empleadores, contrariamente a una idea muy extendida, no son sádicos que disfrutan torturando a los candidatos haciéndoles preguntas trampa. Simplemente quieren saber con quién están tratando. Dicho de otra forma, quieren saber quién eres y lo que sabes hacer, y a veces también cómo reaccionas en función de la situación. Con este fin, no les queda otra elección: tienen que hacerte preguntas.

Para responder con calma, es importante prepararte para las preguntas que se plantean más a menudo. Es preferible reflexionar sobre las que probablemente te planteará el empleador, que rezar para que no te pregunte sobre esto o lo otro ya que, curiosamente, esto a menudo produce el efecto contrario: es como si el candidato tuviera un imán para que le hicieran esa pregunta o, todavía peor, está tan obsesionado que responde a esta pregunta aunque el empleador no le haya invitado a hablar sobre ello.

Por supuesto, la tarea de iniciar la entrevista propiamente dicha es del entrevistador, que plantea las primeras preguntas. Las respuestas del candidato no deben ser ni demasiado breves—porque esto obliga al seleccionador a hacer preguntas extra, algo que convierte la entrevista en interrogatorio—, ni demasiado largas —para evitar el riesgo de dispersión. Las respuestas estructuradas darán la imagen positiva de un candidato prudente y, por lo tanto, fiable. Cuando la entrevista va bien, las preguntas se transforman más bien en una conversación con turnos de palabra equilibrados entre ambas partes.

LAS PREGUNTAS MÁS FRECUENTES

«Háblame de ti»

Esta pregunta, que se hace de forma casi sistemática y que, sin embargo, no es una pregunta trampa, hace que más de un candidato se encuentre en un apuro. ¿Será por la falta de costumbre en hablar de uno mismo? Sea como fuere, dar tu nombre y empezar a recitar tu CV es una forma inadecuada de responder a la pregunta, ya que significa repetirle al empleador informaciones que ya posee puesto que, en principio, tiene el CV delante. Para impresionar, explica tu trayectoria de manera que crees un vínculo directo entre esta y el puesto vacante en la empresa. Haz hincapié en las motivaciones que te empujan a tomar esta u otra dirección, antes que otra.

«¿Por qué te interesa nuestra empresa?»

Muchos candidatos buscan, sobre todo, un salario —algo legítimo— y finalmente les preocupa poco la empresa en la que entrarán, siempre que obtengan un trabajo. El empleador, sin embargo, tiene una perspectiva diferente. Su objetivo no consiste en hacer una buena acción, sino en contratar a una persona con las competencias que se ajusten al puesto vacante, y con las que pueda contar.

Para responder a esta pregunta de forma adecuada, es necesario que te hayas informado bien sobre la empresa en la que pides trabajo. Busca información en Internet, desplázate antes de la entrevista o llama por teléfono. Un candidato que no puede responder a las preguntas sobre la empresa pierde mucha credibilidad. Un candidato informado, por el contrario, gana muchos puntos, ya que puede manifestar su entusiasmo por lo que se hace en ella. La respuesta a esta pregunta demuestra la pasividad o la proactividad del candidato.

«¿Por qué deseas dejar tu empleo actual? / ¿Por qué perdiste tu último trabajo?»

Esta pregunta es más o menos delicada dependiendo de si tu contrato se terminó simplemente como estaba previsto o de si entraste en conflicto con tu empleador. Responde de forma breve al tema de la pérdida de empleo o al deseo de dejar tu empleo actual e insiste en tu interés en el puesto que quieres ocupar.

«¿Por qué eliges precisamente este sector de actividad?»

Esta pregunta concierne, por supuesto, a las motivaciones del candidato y a una comprobación de la adecuación de sus competencias en relación con las que se buscan. El empleador busca una persona implicada en su trabajo como consecuencia de una elección meditada. Cada uno tiene preferencias y talentos, y puesto que dices que estás preparado para dedicar ocho horas diarias a este trabajo, tienes que ser capaz de explicar lo que te lleva a elegir este sector en particular.

«¿Por qué te tendríamos que contratar?»

Sí, ¿por qué tú antes que otro? Si el empleador no te hace esta pregunta de forma directa, que no te quepa la menor duda de que la tiene en la cabeza. Así pues, de todas formas, intenta aportar elementos para responderla. Es inútil decir que eres el mejor, el empleador tendría que creer en tu declaración, seguramente demasiado poco convincente. Se trata de una demostración: tienes una experiencia, competencias y cualidades útiles para el puesto vacante que requiere una cierta experiencia, ciertas competencias y ciertas cualidades. El ejercicio es delicado: ¡entrénate!

«¿Cuáles son tus objetivos a largo plazo?»

Según el puesto solicitado, la respuesta será diferente. En principio, tener ambición es algo bueno, pero sin excederse: no le digas al empleador que quieres su puesto. Los empleadores valoran a los candidatos que saben quiénes son y adónde van.

Sin embargo, a menos que busques, de forma temporal, un trabajo «para comer» y de explicar por lo tanto tu proyecto a medio o a largo plazo, no expreses tus deseos de dejar la empresa, sobre todo si tienes un proyecto como autónomo.

«¿Cuál es tu principal cualidad/tus tres principales cualidades?»

Es la pregunta ideal para destacar el valor que tienes. Elige cualidades que te correspondan y que sean necesarias para el puesto vacante. Si has sido seleccionado después de haber respondido a una oferta de trabajo, fíjate en lo que se pedía en la oferta y explótalo.

Evita las cualidades como «soy puntual», que no te distinguen de los demás candidatos. Llegar tarde al trabajo es un defecto, llegar puntual es algo normal. Asimismo, no olvides que si hablas de cualidades como «dinámico», «proactivo» o «motivado» no solamente tienes que enunciarlas, sino que también tienes que demostrarlas con tu actitud.

<u>**PEQUEÑO PLUS**</u>

Para hablar de tus cualidades, ¡sé concreto! Pon ejemplos sacados de tu experiencia, de situaciones reales. Más que conformarte diciendo «soy riguroso» —si pides un puesto de contable, por ejemplo—, ilustra tus declaraciones con un ejemplo en el que hayas demostrado rigor y esto haya beneficiado a la empresa donde trabajabas. Asimismo, si solicitas un puesto en el sector social, antes que decir «sé escuchar», habla de una situación en la que tu capacidad de escuchar haya sido útil para una persona con dificultades.

- Por ejemplo, un candidato convencerá diciendo: «Soy muy organizado. Voy clasificando todos mis documentos a medida que los utilizo. Mis colegas siempre saben dónde encontrarlos. En casa, clasifico mis camisas por colores en el armario».
- Otro podrá argumentar: «Tengo capacidad para escuchar y soy un buen comunicador. Durante mis prácticas, un cliente llegó muy enfadado. Le invité a contar su situación, y luego le expliqué por qué había tenido que esperar. Pidió disculpas e incluso hizo un nuevo pedido».

De esta forma, tu poder de convicción aumenta de manera exponencial. El hecho de dar un ejemplo demuestra tu capacidad para manifestar estas cualidades, algo que es mucho más convincente que simplemente enunciarlas.

«¿Cuál es tu principal defecto/tus tres principales defectos?

Esta pregunta es más delicada que la anterior. Si anuncias un defecto que no tiene estrictamente nada que ver con el puesto que deseas obtener, como «soy glotón» mientras que solicitas un puesto de informático, la información que le darás al empleador no será nada útil. Tampoco puedes mencionar los defectos que podrían preocupar al empleador, como «soy <distraído» si aspiras a un puesto en seguridad o «soy indiscreto» si el empleo incluye una cláusula de confidencialidad. El reto consiste en resaltar algunos puntos que puedes mejorar, destacando el hecho de que trabajas para lograrlo.

En este punto, resulta particularmente interesante utilizar el método STAR:

- Situación —describe una situación que has vivido;
- Tarea —describe el trabajo que tenías que hacer;
- Acción —describe la acción que has llevado a cabo;
- Resultado —describe los resultados que has obtenido.

EJEMPLOS

- Siempre me ha gustado la gente, pero yo era muy tímido y me costaba relacionarme con los otros. Me apunté a un curso de improvisación y, desde entonces, me siento cómodo cuando recibo a los clientes. Ahora me gusta convencer y obtuve una prima el año pasado, tras un aumento del 7 % de

mis resultados en relación con el año anterior.
- Estaba demasiado relajado en el trabajo y tenía tendencia a aplazar mis tareas para el día siguiente sin pensar demasiado en las consecuencias. Me interesé por las técnicas de gestión del tiempo y, ahora, planifico mis actividades.
- Me encanta tener razón; soy obstinado. Consciente de este defecto, he aprendido a escuchar a los demás y ahora estoy dispuesto a ceder si utilizan buenos argumentos. Cada vez me gusta más el trabajo en equipo.

El método STAR puede aplicarse a todas las preguntas para las que puedes responder con una puesta en situación.

«¿Cuáles son tus expectativas salariales?»

No te conformes con responder «según el convenio» o que ese tema te importa poco. Curiosamente, muchos demandantes de empleo buscan un trabajo por varios motivos pero, también —y seguramente sobre todo— lo buscan por motivos financieros, mientras que generalmente solo tienen una idea vaga del sueldo al que pueden aspirar. Saber con qué salario podemos contar forma parte de la afirmación de uno mismo. No preocuparte por ello te convierte en ingenuo.

Si no puedes negociar, infórmate en Internet o con un sindicato. Si puedes negociar tu salario, infórmate también y propón siempre una horquilla al empleador para abrir una negociación, puesto que si sugieres una sola cifra, te expones potencialmente a un rechazo rotundo. ¡Muéstrate abierto y flexible!

«¿Qué buscas en un empleo?»

Esta pregunta se refiere a tus valores. El criterio del sueldo dista mucho de ser el único que tendrá un peso en la elección de una orientación profesional y de una profesión. Nuestros valores son motores. En general, los adquirimos cuando somos jóvenes y cambiamos pocos a lo largo de nuestra vida. Desde el punto de vista del empleador, estarás más motivado y serás más eficaz si estás de acuerdo con los valores de la empresa. Y, ciertamente, te sentirás mejor si te levantas todas las mañanas para realizar un trabajo que te corresponde y, si es posible, con un equipo que desarrolla proyectos alrededor de valores comunes. Si eres franco, saldrás ganando. Está claro que puedes centrarte en valores distintos según si solicitas un empleo en un banco, un hotel o una mutua.

«¿Qué haces durante tu tiempo libre?»

Es una pregunta distendida. Permite conocer tus intereses y un poco más tu personalidad. Tus pasatiempos permiten que el empleador se haga una idea de tu cultura y pueda evaluar si eres introvertido o extrovertido, en el caso de que ejerzas actividades de equipo.

Sé prudente con las actividades políticas o religiosas, si hablas de ellas; es un juego del todo o nada, dependiendo de si tu interlocutor comparte o no estas convicciones.

El factor suerte interviene en particular en el marco de

esta pregunta: puede ser que el empleador comparta una de tus aficiones, algo que evidentemente puede generar un sentimiento de simpatía hacia ti.

«¿Tienes alguna pregunta?»

¡Sí! Ten preguntas: son una muestra de interés que tendrías que experimentar de forma natural si tu entusiasmo es real. No hagas preguntas sobre el sueldo o las «ventajas» (en todo caso, no empieces por esto). Pide mejor información sobre los proyectos actuales de la empresa, las personas con las que vas a trabajar, las herramientas específicas de la empresa, etc.

LAS PREGUNTAS DELICADAS

Normalmente, las preguntas delicadas se refieren a los «vacíos en el CV» y a los problemas de salud.

En efecto, a los empleadores no les gustan los «vacíos en el CV»: todos buscan a alguien fiable y activo. Las interrupciones suelen preocuparles. Sin embargo, son seres humanos que saben que es difícil obtener un empleo y que pueden entender las dificultades de una trayectoria vital. Así pues, la honestidad a menudo recompensa, siempre que no caigas en la victimización.

Algunos candidatos piensan, con razón, que es preferible realizar formaciones a no hacer nada. Ten cuidado porque, para muchos empleadores, los años de formación no corresponden para nada con años de trabajo. Aunque formarse e indicarlo en el CV es algo positivo, quedarse muchos años formándose corre el riesgo de ser percibido como contraproductivo ya que, durante este periodo, la persona está fuera del mercado laboral.

Haber interrumpido su carrera profesional para cuidar de sus hijos es un argumento que muchos empleadores comprenden. También es fácil entender que se haya dedicado tiempo para obtener un empleo en un sector con baja empleabilidad, siempre que esto no se exprese con un tono de queja.

Para muchos candidatos se plantea el dilema de decirle o no al empleador que tienen problemas de salud. La elección será distinta dependiendo de si la enfermedad —física o mental— se ha curado o si todavía te afecta. Si la enfermedad se ha superado, esto se expresará de forma positiva pero breve. Por el contrario, la buena decisión empieza con el respeto de uno mismo y de su salud: ¿realmente, nos sentimos preparados para ejercer la profesión que pretendemos obtener?

En todo caso, sé observador y adáptate a tu interlocutor. Aunque es bueno, o incluso indispensable, prepararse para una entrevista, está claro que no puedes saber las preguntas que te harán ni la personalidad que tendrá tu entrevistador.

EL SELECCIONADOR

Puedes encontrarte con distintos tipos de seleccionadores:

- **el frío, el distante.** No expresa ninguna muestra de simpatía. Incluso es posible que no te ofrezca un apretón de manos. En general, los candidatos le tienen miedo porque no se sienten seguros y no observan la tan esperada aprobación. Sin embargo, no saques conclusiones precipitadas. Puede ser que te valore y que seleccione tu candidatura. Simplemente, se trata de una persona a la que le gusta ser objetiva.

- **el simpático, el acogedor.** Te recibe con una gran sonrisa. Hace todo cuanto es necesario para que te sientas bien e incluso quizás te hará confidencias. Aunque esto te resulte agradable, no seas ingenuo. Puede ser que este empleador te aprecie, pero también puede ser que esté haciendo un «numerito». A pesar de sus buenas palabras, es posible que te haya tachado de la lista de candidatos cuando has dado tus primeras respuestas.
- **el economista, el riguroso.** Es realista, pragmático y eficiente. Calcula lo que vas a costarle y a ofrecerle. Si tu CV no es claro, se tomará el tiempo que sea necesario para reconstituir tu trayectoria año tras año.
- **el pedagogo, el hablador.** Te pregunta poco y pasa mucho tiempo explicándote la realidad con la que te enfrentarás al aceptar el puesto. Escucha tus respuestas con atención y, a menudo, te da un *feedback* sobre la impresión que le has causado.
- **el jurado.** En algunos casos, no tienes que responderle a una sola persona, sino a un jurado entero. Entonces, por supuesto, te enfrentas a una serie de personalidades. Por ello, se necesita rigor, especialmente si hay informe y concertación. Frente a varias personas, el ambiente puede ser relativamente distendido o, por el contrario, más bien rígido (sobre todo cuando hay que respetar procedimientos).

Sea cual fuere tu interlocutor, di lo que tienes que decir, muéstrate cortés y flexible.

LOS MEJORES CONSEJOS

Aunque la pertinencia de tus afirmaciones es absolutamente primordial, lo determinante es la forma en la que te comportas: se trata de una cuestión de habilidades sociales. Todos los candidatos que solicitan un puesto, en principio, tienen las competencias necesarias (alguien que solicite un trabajo como profesor tendrá un certificado pedagógico; alguien que se presente para ser mecánico habrá aprendido mecánica; un candidato para ejercer de médico habrá cursado estudios de medicina, etc.). Así pues, lo que marcará la diferencia entre ellos se basa esencialmente en su comportamiento, en su motivación, en su «aura»; dicho de otra forma, en su manera de comunicarse de forma «no verbal».

- **La sonrisa:** que el estrés de la entrevista no te la borre. La sonrisa atrae. Es esencial, por lo menos en el inicio de la entrevista. No te esperes al final, porque entonces expresa más bien el sentimiento de alivio porque la entrevista ha terminado que el placer de hablar de tu potencial nuevo empleo. Un estudio ha demostrado que asociamos de forma inconsciente la sonrisa con la inteligencia. Dicho de otra forma, creerán que eres más inteligente si sonríes que si no lo haces. Opta por una sonrisa natural; una sonrisa helada sería contraproductiva.
- **La mirada:** mira a tu interlocutor. Sobre todo, no bajes la mirada y no la fijes en el suelo; aunque solo lo hagas por timidez, se considerará que es un deseo de huir.

- **Los gestos:** acompaña tus palabras con pequeños gestos que refuercen tu discurso. Sin embargo, ve con cuidado, porque hacer demasiados gestos puede molestar, y hacer demasiado pocos te hará parecer estático.
- **La distancia:** en función de las culturas, la distancia que hay que respetar entre las personas cambia. No invadas el espacio vital de tu interlocutor, pero tampoco huyas de él. Si os separa una mesa, apodérate de tu territorio manteniendo tus manos encima. Toma un bolígrafo entre las manos, mejor que retorcerlas.
- **La posición del cuerpo:** mantente recto. Una postura curvada o apoltronada demuestra timidez o desgana, algo que al empleador no le interesa. Asimismo, es inútil sacar pecho; recto no significa tieso.

- **La voz:** el timbre de tu voz, su cadencia y su volumen tienen un impacto en la impresión general que transmites. Aunque el timbre no se puede controlar demasiado, puedes controlar tu velocidad al hablar —cuanto más estresado está alguien, más rápido habla— y el volumen de tu voz. Respecto a este último, entrénate para hablar lo suficientemente fuerte, porque para quien te escucha es desagradable tener que esforzarse para oírte. Sin embargo, no exageres, a riesgo de hacer que se sientan atacados, algo inútil para ti.
- **Los buenos modales:** por supuesto, la educación es esencial. Exprésate con cortesía y deja la vulgaridad a un lado. Pon tu teléfono en silencio. Da un apretón de manos si se te invita a hacerlo. En el momento de llegar o de irse, da las gracias por la atención que se te ha dedicado.

EL PLUS

Sé congruente: serás más convincente. Hay congruencia cuando hay adecuación entre lo que una persona piensa, dice y manifiesta con su comportamiento.

Si tus palabras y tus actos no están compenetrados, tu interlocutor se dará cuenta o, por lo menos, lo notará de forma confusa. Si un candidato dice que está motivado pero arrastra los pies, suspira o bosteza, no tendrá credibilidad. Por el contrario, el candidato cuyo rostro se ilumina cuando habla de su experiencia con orgullo conquista a su público.

PREGUNTAS FRECUENTES

Solamente tienes una oportunidad de dar una primera buena impresión. Cuando una persona conoce a otra, se forma una opinión sobre ella —positiva, negativa o neutra— a partir de los primeros minutos de su encuentro. En el marco de la entrevista, hay que tener en cuenta esta realidad, válida en cualquier situación de comunicación: los primeros minutos son cruciales.

¿QUÉ HAY QUE DECIR EN UNA ENTREVISTA?

Curiosamente, muchos candidatos se preguntan qué hay que decir. Es evidente que el empleador quiere saber quién es la persona que se presenta y lo que sabe hacer. El reto: hablar de uno mismo, algo que a menudo resulta difícil; de ello el interés de conocerse bien y de poder exponer claramente sus competencias y cualidades.

Comenzar la entrevista es trabajo del empleador. A continuación, sobre todo cuando todo va bien, la entrevista deriva hacia una conversación en la que tú también puedes tomar la iniciativa para hablar.

Habla de tus competencias y de tu motivación para el puesto que solicitas. No te contentes con fórmulas superficiales e impersonales, como: «Me encantaría poder sentirme realizado en su empresa». Incluso si el empleador desea sin duda que te sientas realizado, no es lo que le preocupa. Lo que le interesa es lo que aportarás a la empresa. Además, ¿qué significa «sentirse realizado»? El significado intrínseco de la palabra variará con certeza según unos y otros. Así pues, sé concreto: ¿quién eres? ¿Qué sabes hacer? ¿Qué te gusta hacer? Cita ejemplos relacionados con tus vivencias.

Como norma general, formula fases positivas: di «Me gustaría mucho trabajar en su servicio de atención al cliente» antes que «no me molestaría trabajar en su servicio de atención al cliente». ¿Notas la diferencia?

PEQUEÑO PLUS

Es probable que el empleador tenga tu CV delante durante la entrevista. Aunque te pueden ayudar para redactarlo, tienes que poder explicar todos sus puntos. Da muy mala impresión que alguien no pueda responder a una pregunta para clarificar algo de su propio currículum.

¿TENGO QUE RESPONDER A TODAS LAS PREGUNTAS?

El candidato sabe que va a tener que responder a una serie de preguntas. Pero, ¿dónde empieza su vida privada? ¿Puede negarse a responder a algunas preguntas sin que por ello quede descalificado automáticamente?

Si te niegas a responder, te arriesgas a despertar la curiosidad de tu interlocutor (¿qué tienes que esconder?). Sin embargo, si crees que la pregunta afecta a tu vida privada, puedes decirlo sin alterarte. Incluso si la pregunta te ha parecido intrusiva, no respondas agresivamente (ya que una respuesta agresiva nunca se ve con buenos ojos). Sé claro con lo que aceptas expresar o no. Esto forma parte de la afirmación de uno mismo.

¿CÓMO TENGO QUE VESTIRME?

Todos los candidatos se plantean esta pregunta. Y, efectivamente, es bueno hacerlo, ya que tu ropa transmite un mensaje a tu interlocutor.

No hay una única forma adecuada de vestirse para ir a una entrevista, aunque se tiene que respetar un imperativo: adaptarse a la cultura de la empresa para la que se quiere trabajar. Una vestimenta cuidada se considerará respetuosa. Pero lo más importante es que seas tú mismo, que no te disfraces. Opta por una ropa con la que te sientas a gusto. Las empresas raramente buscan supermodelos (excepto para puestos específicos como el de azafata). Sin embargo, todos los seleccionadores buscan a alguien limpio y cuidado.

PEQUEÑO PLUS

Presta atención a los perfumes invasores y al olor a tabaco: normalmente se consideran que son desagradables, y perjudican tu imagen.

¿HAY QUE MENTIR EN UNA ENTREVISTA?

¡En absoluto! Pero la diplomacia es esencial y siempre hay un modo de presentar la verdad de forma positiva. Es preferible omitir espontáneamente tus frenos y tus eventuales fracasos o experiencias conflictivas. Si el empleador pregunta algo al respecto, explica con brevedad lo que te condujo a tal situación sin perder tiempo justificándote.

Sobre todo, intenta no exagerar tus competencias lingüísticas; un seleccionador experimentado te hará preguntas en el idioma que dices conocer.

¿CÓMO PUEDO HABLAR DE UNA EXPERIENCIA NEGATIVA?

De forma breve. Los empleadores también tienen experiencia vital; saben que existen personas poco escrupulosas. Así pues, pueden entender tu situación, con la condición de que no te compadezcas de tu destino.

Todo aprendizaje tiene su parte de fracasos. La fuerza de los ganadores se basa en su capacidad de volver a levantarse. Siempre puedes sacar una enseñanza de una experiencia negativa y expresarla. Intenta reconocer tu parte de responsabilidad. La actitud que consiste en atribuir la culpa de sus fracasos a los demás es poco responsable y está mal vista. Hay pocos empleadores que quieran contratar a una víctima.

¿QUÉ ESTRATEGIA ADOPTO SI NO TENGO EXPERIENCIA PROFESIONAL O SI SOY UNA PERSONA MAYOR?

Si acabas de entrar en la vida activa, destaca tu dinamismo, tu interés por la profesión, tu adaptabilidad y tu voluntad de aprender.

En el caso de que seas mayor, valoriza tu experiencia, tu fiabilidad y tu disponibilidad.

¿CÓMO DESTACAR ENTRE LOS OTROS CANDIDATOS?

¡Aquí está el mayor reto de la entrevista! No basta con ser bueno, ni muy bueno. Necesitas motivación, que podrás expresar con palabras, con gestos, con una actitud convincente.

Trabaja la adecuación entre tu personalidad y el puesto solicitado. Para conseguirlo, tienes que ser claro con tus puntos fuertes y ser capaz de expresarlos, por una parte, e informarte sobre la empresa y la función, por la otra.

No te olvides de que los primeros minutos son decisivos: piensa en la sonrisa, en la mirada y en un apretón de manos franco. Tienes que evitar las dudas y expresarte con claridad. Es importante demostrar que estás a gusto. Una postura recta y una voz audible y calmada contribuirán en gran medida a lograrlo.

Pequeño plus

Tienes que saber que se te evalúa desde el momento en el que llegas a la empresa. No es extraño que el jefe pida la opinión de las secretarias y del equipo para elegir al candidato. Un criterio importante consiste en saber si los demás tienen ganas de que formes parte de su equipo. Así pues, sé cuidadoso y amable con todo el mundo.

¡AHORA ES TU TURNO!

1. HAZ BALANCE

Haz una lista de tus conocimientos (los conocimientos teóricos que has adquirido), tus habilidades (tus competencias, lo que sabes hacer en concreto) y tus habilidades sociales (tus cualidades humanas y relacionales). De esta forma, podrás hablar de estos elementos al empleador más fácilmente. Piensa en insistir en tus especificidades, en lo que te permitirá distinguirte en relación con los demás candidatos.

Asimismo, tienes que ser lúcido en cuanto a los valores que te mueven, y tienes que saber afirmarlos. Aunque todo el mundo necesita un sueldo, el dinero no es el único motor que te impulsa a levantarte para ir a trabajar. ¿Cuáles son tus valores? ¿El altruismo, el reconocimiento social, la diversidad, la independencia, la iniciativa, el reto, la movilidad, el placer de estar con los demás, la seguridad, la vida privada...?

Saberes y valores

Conocimientos	Habilidades	Habilidades sociales	Mis valores

No pases por alto esta etapa: si no eres perfectamente consciente de quién eres y de lo que sabes hacer, no podrás expresarlo con claridad durante la entrevista.

No te olvides de que, teniendo las mismas competencias, lo que marcará tu diferencia con los otros candidatos serán tus cualidades personales, humanas y relacionales (a las que los encargados de recursos humanos llaman *soft skills*). La mayoría de empresas le dan tanta importancia tanto a las *soft skills* como a las *hard skills* (certificados, competencias y experiencias).

Ten en mente el resumen siguiente:

2. ENTRÉNATE DELANTE DE LA CÁMARA

Con la ayuda de un Smartphone o de una cámara, grábate respondiendo a las preguntas más frecuentes y, a continuación, mira la grabación: vale más esto que un discurso largo. Es el mejor ejercicio posible para ver lo que ya se te da bien y lo que tendrías que mejorar para lograr convencer a la persona que te hará la entrevista.

No seas demasiado duro contigo: trabaja en las debilidades que observes sin fustigarte. Sin embargo, no estés satisfecho contigo mismo demasiado rápido: no solamente tienes que ser bueno, sino que tienes que ser excelente. Recuerda que no estás solo en el mercado laboral, por lo que esta preparación es muy importante. Haz como un deportista: obsérvate de forma objetiva y pon en marcha estrategias para mejorar.

ALGUNOS CONSEJOS ADICIONALES

- Si te han invitado a hacer una entrevista porque respondiste a una oferta de empleo, analiza bien esta oferta para poder presentar argumentos en línea con la descripción del puesto, y llévala contigo.
- Asimismo, lleva contigo cualquier documento que te permita reforzar tu candidatura: la recomendación de un antiguo jefe, muestras de trabajo que has realizado, fotografías, referencias en Internet, etc. Es el lugar para demostrar lo que vales. ¿Eres

artista? Enseña tus creaciones. En la medida de lo posible, demuestra lo que sabes hacer.

- Para combatir el estrés, entrénate, llega diez minutos antes (considera ir con margen porque llegar tarde te restará puntos inmediatamente) y no dudes en utilizar una técnica de relajación que te convenga (respira, escucha música, camina, etc.).

- Sé asertivo: expresa lo que buscas, atrévete a afirmar tus condiciones. Los candidatos que «se ponen de rodillas» ante el empleador y que dicen que aceptarán cualquier cosa no son los que obtendrán el empleo. El empleador preferirá un candidato seguro de lo que quiere, que argumenta y con quien podrá negociar condiciones de trabajo realistas. Una persona que sabe lo que quiere transmite seguridad.

- Finalmente, ¡confía en ti! Sé natural, dedícate tiempo para pensar en la pregunta que se te plantea. Si estás preparado, la respuesta te saldrá rápido. Tienes que ver al empleador como alguien que se interesa por ti y, a la entrevista, como una buena oportunidad entre otras. Se trata de negociar: muéstrate profesional, abierto y determinado.

¡Tu opinión nos interesa!
¡Deja un comentario en la página web de tu librería en línea,
y comparte tus favoritos en las redes sociales!

PARA IR MÁS ALLÁ

FUENTES BIBLIOGRÁFICAS

- Bernardini, Alain. 1991. *Réussir un entretien d'embauche.* París: Marabout.
- Porot, Daniel. 2014. *L'entretien d'embauche en 202 questions.* París: Solar.
- Ras, Patrice. 2015. *Le grand livre de l'entretien d'embauche.* Levallois-Perret: Studyrama.

en50MINUTOS.es
Historia
Economía y empresa
Coaching
EL DIAGRAMA DE ISHIKAWA
Material
Método
Máquina
Madre Naturaleza
Medida
Hombres
LA GUERRA DE PALESTINA DE 1948
DOMINA EL ARTE DEL NETWORKING